Desir. de la joncrye

Z. 1592.

1392

12767

LES DEVISES OV

EMBLEMES HEROI-
QVES ET MORALES, IN-
VENTEES PAR LE S. GA-
BRIEL SYMEON,

A' MONSEIGNEVR LE
Conestable de France.

A LYON,

PAR GVILLAVME
ROVILLE,
1559.
Auec Priuilege du Roy.

DEVISE DE L'AVTEVR.

ΕΥΔΟΚΙΑΣ.

A MONSEIGNEVR LE DVC DE MONTMO-

rency, Per & Conestable de France,
Gabriel Symeon, son treshumble
seruiteur, Salut &
longue vie.

Onseigneur, la nature de la Palme est telle, que tant plus ses brâches sont chargees, tant plus en lieu de fleschir, elles se relieuent, & montent en hault: qui est la cause, pourquoy les anciēs l'attribuerent aux victoires. Or tout ainsi ay-ie ferme esperance, que (Dieu aydant) il aduiendra de vous: la bonté, loyauté, & diuin entendement duquel (iaçoit qu'il fust en partie cogneu) reluira à l'auenir encores si fort, que le monde confessera vous auoir esté & estre raisonablemēt deu pour le salut de la Republique & l'honnorable charge des affaires de France: duquel

bon-heur me voulant parmi les autres aufsi ré-
iouir, & auec ceste réiouissance vous faire, comme à mon Seigneur, à qui ie seray tousiours redeuable, quelque honneste present, n'ay sceu
choisir parmi le tresor de mes naturelles plus que
heureuses richesses, autre chose plus digne de
vous, certaines miennes Deuises, ou Emblemes
Heroiques & morales, entre lesquelles vous trou
uerez (Monseigneur) la vostre veritable, vous
suppliant treshumblement de prendre en gré la
bonne voulonté du donateur, & me tenir
tousiours en la bonne grace du
Roy. A Lyon le quinzié-
me de May,
1559.

ΕΥΔΟΚΙΑΣ.

LES

LES
DEVISES, OV EM-
BLEMES HEROIQVES
DV SEIGNEVR GABRIEL
SYMEON,
A' MONSEIGNEVR LE
Conestable de France.

Ⅼ n'ya chose plus difficile en ce monde (dit Saint Augustin) que cognoistre l'esprit & la pensee des hommes. Car côbien qu'vn homme se montre doux, gratieux, & paisible, si estce qu'il sera naturelement cruel en son courage, desirant les debats & la guerre, ce que facilement il cache pour quelque raison que les autres ne sauent. Vn autre se monstrera deuotieux & catholique, & neātmoins peut estre (ce que i'ay cogneu en plusieurs) qu'il sera le contraire: ce qu'il dissimule, ou de crainte qu'il ha de la Loy, ou par quelque sien desseing de paruenir par ce moyen à quelque autre plus grande dignité, comme ont fait aucuns de nostre temps, dont plusieurs Papes, &

a 3

Princes seculiers ont esté trompés ainsi qu'anciennement fut le Senat de Rome par Tiberius & Nero au cōmencement de leur Empire. Vn'autre aussi se monstrant liberal, & tenant maison ouuerte à tout le monde, sera estimé vn homme magnanime, & neantmoins il sera naturelement auare & mechanique, faisant cest acte noble par vne extreme ambition & enuie d'estre loué & prisé des personnes. Finablement celui se pourra bien nommer homme rare au monde, & accompaigné de la grace de Dieu, qui en sa pauureté & en sa ieunesse ayant semblé vn Ange, & estant depuis deuenu riche, & vieil, ne changera de meurs & de vie. Or pour cognoistre ceste tant difficile & dangereuse nature de l'homme, ie trouue deux moyens entre les autres: à sauoir l'habit & les Deuises, m'estant auis que vne personne, qui prend plaisir d'estre proprement habillee, ne puisse auoir sinon l'esprit gentil, & le cueur magnanime, & que selon la qualité d'vne Deuise, l'on ne puisse faillir de iuger & cognoistre la complexion & nature d'vn homme: cherchant chacun de faire apparoistre dehors ce qu'il cache dedans, & qu'est plus conuenable à sa nature, comme l'on voit qu'en vn reuers d'vne sienne medaille d'or feit le bon Prince & Empereur Auguste, lequel voulant monstrer

comme

comme il estoit temperé & modeste en tous ses affaires, non pas esuenté & legier à croire aux premiers rapports & informations de ses mignons, dont les Princes & iuges font souuent tort à diuerses personnes, feit frapper entre plusieurs autres en vne sienne medaille d'or vn Papillon & vne Escreuisse, signifiant la vistesse par le Papillon, & par l'Escriuisse la paresse, lesquelles deux choses font vn temperement necessaire à vn Prince.

AVGVSTE.

FESTINA LENTE

Il en vsa pareillement d'un autre d'vne Sphinge

en son cachet, voulant signifier qu'il estoit homme
pront & resolu pour esclairsir toutes choses doubteu-
ses: laquelle Deuise il laissa apres qu'il eut mis ordre à toutes les difficultés de son Empire, & cacheta
ses lettres auec l'image du grand Alexandre, monstrant qu'il pretendoit à la monarchie, comme l'autre faisoit: laquelle apres auoir paisiblement acqui-
se, il vsa l'image de soy mesme, signifiant qu'il estoit
seul, & que nul autre estoit plus grand que luy.

TITVS.

La premiere des quelles Deuises voulant pareillement suyure l'autre bon Empereur Titus, filz de
Vesp

Vespasia, en lieu du Papillon & de l'Escreuiſſe, feit inſculper en ſes medailles vn Daulphin & vn ancre en la meſme maniere que vous voyez cy deſſus pourtrait.

POVR LE ROY DAVLPHIN.

Sur ce propos ie mettray cy celle Deuiſe, que ie voudrois dōner au Roy Daulphin, s'il en auoit à faire, à ſauoir, vn Daulphin tenāt ſus ſon dos vn globe de la Terre, formé d'vn aneau auec vn diamant (ancienne Deuiſe de la maiſon de Medicis) & d'vn Croiſſant (Deuiſe de ſon pere) duquel ſortiroient deux rameaux, l'vn de Palme pour la victoire, & l'autre d'Oliuier pour la paix auenir, auec ſemblables paroles, PACATVM IPSE REGAM AVITIS VIRTVTIBVS ORBEM. ſignifiāt en premier lieu par ce moyen sa noble genealogie du costé de pere & mere, comprenant les Deuises de l'vn & de l'autre, declarant par le Croissant la clarté de son sang, & par le Diamant sa vertu & force inexpugnable par le monde, figuré par le globe, ainsi que l'ont peint les anciens Romains en leurs medailles.

POVR LA ROINE DE FRANCE.

Puis que ie suis entré en merites & louëges des personnes, parmi ces miennes Deuises, si i'en voulois faire vn' autre pour la Royne de France, quelle autre inuention pourroie ie trouuer meilleure que de peindre vne estoille au milieu d'vn serpent couronné, qui mord sa queuë auec ces paroles, FATO PRVDENTIA MAIOR. signifiant, que cöbien que les astres eussent au cömencement

ment esleuë ceste vertueuse Princesse pour estre fille de si grand pere & mere, comme estoient le Duc d'Vrbin & Madame de Bologne, niepce d'vn si grand Pontife tel qu'a esté Clement VII. Femme d'vn si hault, puissant inuincible & vertueux Prince, comme Henri II. Roy de Frāce, & mere de tant de beaux & royaux enfans, toutesfois son admirable vertu, modestie, & patience, s'est si bien gouuernee auec le temps, qu'elle est vne des plus heureuses, plus aymees, estimees, & louables Roynes, qui furent onques en France.

POVR LA FEV ROINE DE NAVARRE, ET
MADAME MARGVERITE DE VALOIS.

Suiuant ce propos, & ne voulāt oublier deux Royalles

DEVISES HEROIQVES

MARGVERITES, dont l'vne a esté celle de Nauarre, et l'autre digne fille & sœur de Roy, ie dis qu'ayãt esgard au merueilleux esprit & à la doctrine vniuerselle de toutes deux, ie ne sauroir trouuer meilleure, ni plus belle Deuise que de faire peindre vne Fleur de lis, de laquelle sortissent deux Marguerites couronnees, auec ces paroles: MIRANDVM NATVRAE OPVS.

POVR LE ROY ET ROINE DE NAVARRE.

Et parce qu'il n'est pas conuenable aussi d'oublier la Fille apres la Mere, ni vn si liberal & royal Prince cõme Antoine de Bourbon, Roy de Nauarre, i'ay bien voulu icy representer par vn diamant leur amour &

vert

ET MORALES.

vertu inuincible: & par le Soleil & la Lune, la splendeur de leurs faicts incomparables, auec l'eternelle amitié qu'ilz ont eu, & auront tousiours ensemble, comme le Soleil & la Lune, auec ces paroles, SIMVL ET SEMPER.

POVR LE CONESTABLE DE FRANCE.

D'autant que la Deuise du Duc de Bourbon Conestable de France fut haultaine, la vostre (Monseigneur) est, et a esté trouuee modeste & de fort bõne grace, representãt vn bras armé auec vne espee, et vn Dicton en Grec tout à l'entour, qui dit: ΑΓΛΑ-ΝΟΣ, à sauoir, sans tromperie, voulãt signifier (cõme il est vray) que vous auez tousiours bien & loyaument serui l'vn Roy & l'autre, tant en tẽps de paix que à la guerre, ayant eu ceste bonne fortune, & le sauoir auec le cerueau d'auoir heureusement gouuerné si longuement les affaires de France.

POVR MONSIEVR DE GVISE.

Ie suis naturellement si grãd amateur de la vertu des hommes (comme mortel ennemy de leur indiscretion & demerites) que ie ne puis cacher ni taire le bien & le mal tant des vns que des autres. Parquoy ayant tousiours souuenance de la hardiesse & sagesse de Monsieur le Duc de Guise, i'ay fait pourtraire

traire vne rondelle couronnee, & percee d'vne espee, auec ces paroles: PERIMIT ET TVETVR. voulant signifier qu'il est bon cheualier pour prendre & garder vne ville, & assaillir & tuer hardiment ses ennemis à la campagne.

POVR LA DVCHESSE DE VALENTINOIS.

Continuant de parler des Deuises de nostre têps, ie trouue que celle de madame Diane de Poitiers, Duchesse de Valentinois, n'ha pas mauuaise grace, faisant peindre vn dard (qui sont les armes de Diane auec vn escritteau tout à l'entour, qui dit: CON-

SEQVITVR QVODCVNQVE PETIT. Signifiant que toute sa vie elle ha esté si heureuse, que l'on ne luy refusa onques chose, de quoy elle eust enuie.

POVR VN GRAND SEIGNEVR.

Vn grand Seigneur me demanda vn iour, quelle Deuise il pourroit porter pour donner à entendre au monde qu'il auoit grande enuie, & cherchoit tous les moyens d'estre encore plus grãd & puissant que les autres. Parquoy ie luy en baillay vne d'vn Empereur armé auec sa couronne de laurier en la teste,
tenant

tenant d'vne main vn liure, & de l'autre vn'eſpee, & luy eſtãt debout ſus vn globe de la terre auec ces paroles: EX VTROQVE CAESAR. Voulant ſignifier que par le moyen des lettres & des armes, & eſtant touſiours debout, & preſt à entendre ſes affaires, Iule Ceſar deuint Seigneur de tout le Monde.

LE PRINCE DE MELPHES.

Du temps que Monſieur & maiſtre le Prince de Melphes eſtoit General pour le Roy en Pie-mont, qui luy ſera redeuable, & aura ſouuenance de sa bonté, bonne iustice, & modestie iusques à la fin du monde. Il me souuient luy auoir veu pour Deuise à l'entour de son Lyon bleu rampant, ces paroles, SOLATVR CONSCIENTIA ET FINIS. voulant signifier que combien qu'il fust pauure & ietté hors de sa maison, il viuoit content & net en sa conscience, sachant d'auoir fait son deuoir en tous lieux, & que apres sa mort il auoit bonne esperance en la misericorde de Dieu.

POVR VN HOMME INIVSTEMENT OFFENSE.

Certains fols esuentez, s'asseurans trop sus leur credit

credit & richesses, ne font point cas d'iniurier ou gourmander de faict & de paroles vne pauure personne, estimans que à faute de biens, de faueur, de parens, ou d'amis, elle n'aura iamais le moyen de se venger, ou leur rendre la pareille, ains qu'elle doiue bien tost oublier le mal qu'elle a receu. Or combien ces Tyrans (c'est leur propre nom) soyent abusez de leur grande folie & ignorance, l'occasion & le temps le leur fera à la fin cognoistre, apres les auoir admonestez, par ceste Deuise d'vn homme assis, qui graue en vn tableau de marbre ces paroles. SCRIBIT IN MAR-
MORE LAE-
SVS.

POVR VN AMOVREVX.

Vn gentilhomme mien amy estant amoureux, me pria de luy trouuer vne Deuise, par quoy ie luy feis pourtraire vn Papillon à l'entour d'vne chandelle allumee auec ces paroles: COSI VIVO PIACER CONDVCE A MORTE. suiuãt la nature d'vn si simple animal, que les Grecs ont nommé πυραυϛὴυ, pource qu'il aime naturellement la clarté du feu. Le sens de laquelle Deuise peut estre double: car le prenant pour le corps, il n'y a nulle faulte (selon Platon) qu'vn amoureux est mort en soy, viuant sa pensee
(qui

(qui est la vie de l'ame) à l'entour de la chose, qu'il ayme, dont le susdit Philosophe souloit dire voyant vn amoureux, Celuy-là vit en vn autre corps. Mais le prenant moralement pour l'ame, il est tout certain que tandis que nous prenons plaisir à l'entour d'vne beauté corporelle (signifiee par la clarté de la chandelle) nous oublions bien souuent le Createur pour la creature, & tumbant en plusieurs inconueniens (desquelz sont cause bien souuent les femmes) perdons finablement auec peu d'honneur le corps & l'ame, comme font aucuns veaux, qui en se meslant de
faire l'amour, ne sauent en
quel lieu de leur corps
ilz ont la teste
assise.

DEVISES HÉROIQVES
POVR VN AMY FEINT.

L'on rencontre quelque foys des hommes, lesquelz à les ouïr parler, promettre, ouffrir, faire bonne chere en leurs maisons, semblent vrayement d'estre les meilleurs amis du monde: mais neantmoins c'est tout artifice & faintise pour paracheuer quelque leur desseing, ou tirer quelque cõmodité & proufit de celuy, vers lequel ilz sont en paroles & promesses tãt liberaux. Certes ce n'est pas vraye, ou loyalle amytié. Parquoy ilz ne se peuuẽt iustemẽt plaindre, si souuent eux mesmes sont trompez: & leur seroit fort bien ceste Deuise d'vn hõme masqué, signifiant

la

la feintise de l'homme, à qui l'on donne d'vn baston sur le visage, en luy faisant tumber sa masque à terre parmi ces paroles: AMICO FICTO NVLLA FIT INIVRIA.

POVR VN HOMME QVERELEVX.

Il y a vn'autre sorte de gens, qui n'ont point d'autre plus grand plaisir au monde, que de chercher noises & debats, combien que l'on ne leur demande rien, iusques à ce qu'ilz rencontrent vn'autre encore plus braue qu'ilz ne sont, qui leur romp la teste: parquoy ilz meritent double blasme, & leur seoit fort bien d'vser de ceste Deuise, qui est vn homme qui auec la pointe d'vne espee fouille parmi vn grand monceau de charbons ardens, qui de leurs estincelles luy creuẽt vn œil, auec ces paroles tirees de la vie de Pithagoras: IGNIS GLADIO NON FODIENDVS.

POVR VN HOMME DESRAISONNABLE.

Le mesme Philosophe auec vn'autre sienne sentence me donne occasion de former vn'autre belle Deuise pour ceux qui cherchent & desirent choses

diffic

difficiles & desraisonnables, tellement que n'ayant esgard à ordre ni mesure quelconque, font à la fin mal leurs affaires, tout ainsi qu'vne balance, appellee des Latins & Touscans Statera, se romp quand on la charge de plus grand pois que sa grandeur ne porte, auec ces paroles: STATERAE ORDO NON TRASILIENDVS.

POVR VNE LOVENGE DESROBEE.

Et si ie voulois peindre la Deuise de deux bons compagnons, ou bons soldats, qui sous la charge de quelque mignon eussent merité toute la louëge (ayãs

fait quelques actes ou cõquestes louables) & neantmoins l'on attribueroit le tout au Capitaine, ie voul-
drois faire deux beufs tirants la charrue, auec l'vn
de ces vers de Virgile: SIC VOS NON VOBIS.

D'VN BIEN MERITÉ PAR VERTV.

Et au contraire, si ie voulois faire vn'autre Deuise pour vn gentil, hardy, & sage Capitaine, qui
eust tout faict de luy mesme, se poulsant par sa propre vertu & preudhõmie, comme ont fait plusieurs
de nostre temps, ie voudrois peindre trois ou quatre
che

uaux courans vn pris, entre lesquelz en fust vn tout seul deuant les autres, fouetez & piquez par deux pages, auec ces paroles : SOLVS PROMERITVS. suiuant la maniere des anciens Romains quand ilz couroient dans les Cirques, & les Florentins le iour de leur grande feste de Saint Iean Baptiste à trauers la ville de Florēce auec des cheuaux.

CESAR BORGIA.

Le seigneur Cesar Borgia, Duc de Valentinois, voulant donner à entendre au monde qu'il auoit grande enuie ou de mourir bien tost, ou de faire quelque acte digne d'eternelle memoire, suyuant les hazardeuses entreprinses de Iule Cesar, souloit porter vn Dicton, qui disoit : AVT CAESAR, AVT NIHIL. sans autre Deuise : parquoy il m'a semblé bon de faire peindre vn homme armé tenant d'vne main vn globe pour signifier la monarchie de Cesar, & de l'autre vn Rolle remply d'o o o, lequel caractere ne signifie chose quelconque tout seul, comme au contraire quelque chose, s'il est accompaigné d'vn autre chifre. Mais le meilleur fut que ce pauure hõme esuenté de cerueau, & sans conseil, se trouua à la fin Nihil à bon escient, comme il auoit prognostiqué. Car il fut tué estant encores asses ieune au païs de Nauarre, & luy fut faict vn semblable Epitaphe,

Borgia Cæsar eram factis & nomine Cæsar,
Aut nihil, aut Cæsar dixit: vtrunque fuit.

MAD

ET MORALES.
MADAME BONE
DE SAVOYE.

Madame Bone de Savoye mere de Iean Galeaz, Duc de Milan, se trouuant vefue, feit faire vne Deuise en ses Testons d'vne Fenix au milieu d'vn feu auec ces paroles: SOLA FACTA SOLVM DEVM SEQVOR. Voulant signifier que comme il n'y a au monde qu'vne Fenix, tout ainsi estant demeuree seulette, ne vouloit aymer sinon le seul Dieu, pour viure eternellement.

RENÉ ROY DE SICILE.

Desirant René Roy de Sicile, que l'on cogneust qu'il auoit esperance de deuenir encore petit à petit plus grand Seigneur qu'il n'estoit, & de venir au dessus de tous ses affaires, feit faire vne deuise d'vn Beuf auec ses armoeries au col, & ces paroles : PAS A' PAS. Voulant signifier que combien que le Beuf marche bellement, si estce que auec le temps il peut aller bien loing.

ET MORALES.
POVR VN AMI ET
SERVITEVR FIDELE.

Vn autre voulant monstrer qu'il auoit esté fidele seruiteur à son maistre, & que par tel moyen il estoit deuenu riche, print pour sa Deuise deux mains qui se touchoient, tenãs ensemble vn Cor d'abondance & ces paroles: DITAT SERVATA FIDES.

VERTV FOVLEE.

Et vn autre pauure vertueux, poursuiuy pour sa bonté (comme ilz sont tous) de l'enuie & quasi commune ignorance des hommes, voulant monstrer que tant plus l'on cherchoit de le facher, tant plus sa vertu & son bon esprit se manifestoit, print pour Deuise vn homme qui fouloit au pieds vne plante d'oiseille, que les Apoticaires nomment Acetosa, les Romains Rumice, les Grecz ὀξαλίδα, & les Florentins Agrestini, auec ces paroles, VIRESCIT VVLNERE VIRTVS. *suiuant la nature de l'herbe, qui est telle, que tant plus elle est foulee, tant plus deuient verde*

verde:de laquelle Deuise se seruit iadis Monsieur le Legat du Prat, grand Chancelier de France.

POVR VN AMY AMOVREVX.

Vn autre mien amy me conta vn iour d'vne Deuise, qu'il auoit faicte, estant amoureux d'vne Damoiselle, & voulant monstrer que son mal n'estoit en façon du monde guerissable. C'estoit vn Cerf blessé d'vne flesche, ayant vne branche de Dictame en la bouche, qui est vn'herbe qui vient abondamment en l'Isle de Candie, de laquelle le Cerf nauré

e

en la mangeant guerit toutes ses playes, & le mot estoit tel: ESTO TIENE SV REMEDIO, Y NON YO. suiuant ce vers d'Ouide en la Metamorphose, ou Phebus se plaignant de l'amour de Daphne, dit:

Hei mihi, quòd nullis amor est medicabilis herbis.

CONSALVO FERNANDO.

Le Capitaine Consaluo Fernando fut, durant les dernieres guerres de Naples, vn fort hardy, mais encore plus fin homme, au moyen de quoy il gaigna tout plein de batailles, & voulant bien que l'on cogneust

gneuſt qu'il s'aydoit de ſa fineſſe, il print pour Deuiſe vn de ces bandages d'arbaleſte faict à cordes auec ces paroles: INGENIVM SVPERAT VIRES.

SAINT VALIER.

En la iournee des Suiſſes desfaicts pres de Milan par le feu Roy François, Monſieur de Saint Valier le vieil, pere de Madame Diane de Poitiers, Duchesse de Valentinois, & Capitaine de cent Gentilshommes, porta vn Eſtendard, là ou y auoit en peinture vne torche allumee contre bas, & tout plein de cire qui couloit pour l'eſteindre, auec ces paroles: QVI ME ALIT, ME EXTINGVIT.

suyuant la Deuise du Roy son Maistre, à sauoir, NVTRISCO ET EXTINGVO. Et la nature de la cire qui nourrit le feu, & l'esteint, quand elle coule dessus par trop grande abondance. Laquelle Deuise il feit pour amour d'vne Dame, voulant signifier que tout ainsi que sa beauté nourrissoit sa pensee, ainsi le mettoit en danger de sa vie.

PATIENCE FASCHEE.

L'on trouue quelque foys des hommes tant indiscrets & importuns en faicts & en paroles, qu'ilz n'ont aucunement esgard comme ilz offensent les person

personnes paisibles, modestes, & vertueuses, les contraignans contre leur nature de deuenir mauuais, & frapper & ruer sans aucune pitié: mais ce qui me semble encores plus estrange, c'est que l'on dōne apres le tort à ceux, qui ont esté ainsi contraints de se reuenger, & deuenir ennemis de leurs parens, alliez, ou amys, dignes d'estre euxmesmes seulement reprochez & blamez: touchant quoy me souuenāt auoir ouy autresfois dire qu'il y a vne Deuise antique en vne pierre de marbre au royaume de Naples, i'ay bien voulu la representer icy parmi les autres, à sauoir, vn mouton, fasché par vn petit garson, & contraint de le ruer par terre, auec ces paroles : FVROR FIT
LAESA SAEPIVS
PATIENTIA.

DEVISES HEROIQVES
POVR COGNOISTRE
VN HOMME.

Ceux qui ont escrit de la Physiognomie, & mesme Aristote, disent parmi d'autres choses que le front de l'homme est celuy, par lequel l'on peult facilement cognoistre la qualité de ses mœurs, & la complexion de sa nature: car le front estroit signifie l'hõme estre sot, ord, salle & gourmand cõme les porceaux. Mais le front trop grand aussi signifie d'auoir vn gros cerueau ou entendement, comme les beufs. Vn peu longuet, signifie l'homme estre benin, doux & aprendre facilement ce qu'il veult. Trop bas, pusillanime. Enfon

Enfoncé, ou trop rond & releué, badin & fol. Plat, ambitieux & glorieux. Chaué au milieu, colerique. Ridé, remply de grand pensement & songeard. Mol, plaisant, & qui voulontiers caresse les gens. Aspre & boussu en diuers lieux, fin, auaricieux, & mauuais fol. Poli, asseuré. Et quarré de moyēne grādeur, vertueux, sage & magnanime: lesquelles significations m'ont donné occasion d'inuenter la presente Deuise: FRONS HOMINEM PRAEFERT.

D'VN BIEN FAICT A TEMPS.

Il y en a d'autres tant malheureux & indiscrets

en matiere de faire plaisir à vn homme, que tant moins il aura à faire d'eux, tant plus ilz le caresseront, & seront bien aises de luy faire bonne chere, sur l'esperance (comme ie croy) d'en tirer quelque prouffit ou recompence: mais s'ilz le voyent tumbé en necessité, ces maudits de Dieu rechigneront, le voyant aller trop souuent deuers eux, ou luy reprocheront les biens faitz du temps passé, ou s'en moqueront, ou trouueront quelque excuse pour le garder de venir plus en leur compagnie. Ce ne sont pas les vrays parens, ni les bons amis: ce ne sont pas hommes, mais bestes brutes indignes de viure, qui ont besoing de regarder tous les iours vne foys ceste Deuise d'vn vray gentilhomme, qui relieue vn'autre pauure trebuché à terre, auec ces paroles: BIS DAT QVI TEMPESTIVE DONAT. voulant signifier que le bien faict est double & immortel, quand il est employé au besoing sans espoir d'en auoir aucune recompence.

L'HOM

L'HOMME IMPLACABLE.

L'on trouue souuent des personnes tant iniques, cruelles, opiniastres, rudes, vilaines & malignes (cõme i'en cognoy aucuns) que nonobstant qu'on leur monstre toute l'amitié du monde, & qu'on les prie, qu'on leur face honneur, & desire de leur faire seruice, ilz n'ont toutesfois aucunement pitié des gens: & sans auoir esgard à vertu, à parens, à amy, ni à plaisir receu, ilz ne pardonnent iamais: rien ne leur viẽt à gré, & gardent tousiours leur desdaing, & leur mauuais courage. Parquoy voulant leur donner

f

vne Deuise, ie ne les sauroi comparer mieux, qu'à la mort, qui ne laisse de tuer vn homme, qui luy crie mercy agenouillé à terre, auec ces parolles: IMPROBVS NVLLO FLECTITVR OBSEQVIO.

NOBLESSE.

Combien que ie sache qu'aucuns malings prendront en mauuaise part plusieurs de ces Deuises, disans que ie cherche de faire bonne ma raison, si est-ce que ie ne laisseray, en despit de leur ignorāce, d'acheuer mon propos : à sauoir, qu'estant vn iour requis d'vn vaillant Capitaine de lui faire vne Deuise declar claratiue de la vraye noblesse de l'homme, ie luy baillay vn Espreuier porté parmi vn grand nombre de Faucons, comme nous voyons que bien souuent portent ces Fauconiers Grecz qui viennent en France: & le mot estoit tel: SIC MAIORA CEDVNT. voulant signifier que la noblesse gist en la vertu du cœur de l'homme, non pas es biens, ny en grosse puissance, suyuant la nature de l'Espreuier, la noblesse du cœur du quel est telle, qu'il afranchit tous les autres oiseaux plus grands que luy par tout ou il passe parmi eux, ou autrement ilz payeroient quelque gabelle.

f 2

BIEN MAL ACQVIS.

L'on me feit vn iour le plus plaisant conte du monde. Ce fut vn pauure malheureux vsurier, lequel ayant mis tout son espoir en la grande quantité de ses richesses,& les aymant plus que Dieu(comme ilz font tous, ayans desia donné l'ame au diable) souloit tous les iours se retirer en sa chambre, & manier,& conter, & poiser & se iouer auec ses escuz sus vne table, sans auoir soucy, ou estimer parent ou amy qu'il eust. Or aduint qu'vn gros singe, qu'il nourrissoit en sa maison, regardant vn iour ce beau

ieu

ieu par vn petit pertuis de la chambre, trouua moyen d'entrer leans par vne fenestre ouuerte, tandis que l'vsurier disnoit, & depuis qu'il eut prins son esbat comme son maistre, commença à ietter l'argent par la fenestre en la rue. Parquoy si les passans rioyent, & l'vsurier fut fasché, ie n'en diray rien, me trouuāt assez empeché à me mocquer de luy auec ses semblables, qui amassent ou pour vn fond de mer, ou pour vn filz, ou frere, ou nepueu ioeur, paillard, & iurongne, les escuz à foison, sans auoir souuenance de ceste belle & veritable sentence, qui dit: MALE PARTA MALE DILABVNTVR.

f 3

LE SEIGNEVR MAT-
THIEV BALBANI.

J'ay autres fois ouy dire au Seigneur Matthieu Balbani, Gentilhõme Lucquois, qu'il prie toufiours Dieu qu'il ne luy enuoye ni biẽ ni richeſſes, s'il ne luy donne auſsi la voulonté & courage de s'en pouuoir & ſauoir ſeruir. Iugeant que d'autant ſont les richeſſes bonnes, que les riches les employent honnomblement, & les diſtribuent à ceux qui par fortune, non ia par leurs demerites, en ont faulte, & meſme s'ilz ſont amys & gens de bien: ce que ne faiſant il

eſt

est auis au bon Gentilhomme que les richesses, qui ne sont ainsi honnestemēt employees, apportent plus tost blasme & dommage, que honneur & proufit, à ceux qui les manient. Paroles & souhait, non seulement dignes d'vn priué Gentilhōme: mais d'vn bon & vray Prince, & des quelles il est d'autant plus à estimer, comme il les accompaigne fort bien auec les œuures, ayant tousiours sa maison pleine d'hommes sauans, & à maintz autres de loing donnant pensions & grans gages. Parquoy ne voulant point (selon mon naturel) frustrer vn homme de la louenge qu'il merite, i'ay trouué bon de luy donner aussi vne semblable Deuise. C'est vn bras en l'air qui respand vne Coupe pleine d'argent sus vn autel, vn liure & vn armet, auec ces paroles: EXPETENDAE OPES, VT DIGNIS LARGIAMVR. prenant l'autel pour la bonté & merites des personnes excellentes aux lettres, ou es armes (ainsi que monstrent le liure & l'armet) & la largeur descouuerte de la Coupe pour la liberalité euidente & ordinaire du noble personnage.

EGALITE APRES LA MORT.

Ie voy quelque fois, mais bien souuent, des hommes riches tant sots, qu'ayant du tout mis en oubly qu'apres la mort noz corps pourriront tous ensemble soubs terre, & en l'autre monde les vns ne seront plus grands ni plus puissans seigneurs que les autres (comme bien nous a mõstré en vn sien dialogue Lucian, ou il parle de Mercure, d'vn ame, & de la teste d'Heleine) il leur est auis que les pauures ne sont pas dignes de les regarder au visage. Parquoy

i'ay

i'ay trouué bon d'inuenter vne Deuise, ou Embleme, comme il y en a beaucoup d'autres en ce liure, pour telles gés. C'est vn sceptre lié auec vne pioche, et au dessus vne teste de mort auec ces paroles: MORS SCEPTRA LIGONIBVS AEQVANS. lequel miroir pour bien viure, deuroyent tousiours auoir deuant leurs yeux les grans seigneurs & Princes de ce monde.

CONTRE LES INGRATZ.

L'on dit par commun prouerbe qu'en la queuë gist le venin, & parce ay ie voulu icy mettre pour la derniere de mes Deuises à propos des ingrats, celle de la Vipere, laquelle tue son masle en luy donnant plaisir, & apres auoir conceu, porté & nourry dans son ventre ses petiz, est par eux pareillement tuee, dont elle a raison auec plusieurs autres en se plaignant de dire:

INGRATIS SER-
VIRE NE-
FAS.

FIN.

Extraict du priuilege du Roy.

PAR grace & priuilege du Roy est permis à Guillaume Rouille Libraire de Lyon, d'imprimer ou faire imprimer vne foys ou plusieurs, ce present liure intitulé *Les Deuises ou Emblemes Heroiques et Morales, inuentees par le S. Gabriel Symeon*, & fait defences de par ledict Seigneur, à tous autres Libraires, Imprimeurs, & personnes quelconques, de non imprimer, ne faire imprimer, vendre, ne distribuer, en ses païs, terres & seigneuries, ledict liure, si ce n'est par le consentement dudict Rouille, & ce iusques au temps & terme de douze ans, à compter du iour & datte que sera paracheué d'imprimer ledict liure, sur peine d'amande arbitraire, & de confiscation des liures qu'ilz auroyent imprimez. Et afin qu'aucun ne puisse pretendre ignorance du present priuilege, ledict Seigneur veut & entent, que l'extraict d'iceluy estant mis au commencement desdictz liures, serue pour toute notification, sauf en demander copie audict Rouille (si bon leur semble) & ce à leur despens. Car tel est son plaisir, nonobstant oppositions & appellations quelconques, comme plus à-plein est contenu & declaré par lesdictes lettres de priuilege, sur ce donnees à S. Germain en Laye le 28. iour de Decembre, mil cinq cens cinquante huict.

Par le Roy, Maistre Iean Nicot, maistre des Requestes de l'hostel, present:

Signé, Guillaudet.